BEI GRIN MACHT SICH IHR WISSEN BEZAHLT

- Wir veröffentlichen Ihre Hausarbeit,
  Bachelor- und Masterarbeit

- Ihr eigenes eBook und Buch -
  weltweit in allen wichtigen Shops

- Verdienen Sie an jedem Verkauf

Jetzt bei www.GRIN.com hochladen und kostenlos publizieren

GRIN

Trainingslehre 2. Gesundheits- und Leistungsdiagnostik

Trainingsplanung für ein Ausdauertraining

Bibliografische Information der Deutschen Nationalbibliothek:

Die Deutsche Nationalbibliothek verzeichnet diese Publikation in der Deutschen Nationalbibliografie; detaillierte bibliografische Daten sind im Internet über http://dnb.d-nb.de abrufbar.

ISBN: 9783346634436
Dieses Buch ist auch als E-Book erhältlich.

Deutsche Hochschule für
Prävention und Gesundheitsmanagement
Hermann Neuberger Sportschule 3
66123 Saarbrücken

Einsendeaufgabe

Fachmodul: Trainingslehre II

Studiengang: BA Sportökonomie

Semester: **WS 2019**

Inhaltsverzeichnis

1 Diagnose

Für die entsprechende Trainingsplanung im Ausdauertraining werden im Folgenden die allgemeinen und biometrischen Daten vorgestellt. Anschließend erfolgt sowohl eine Leistungsdiagnostik als auch die Konkretisierung des Gesundheits- und Leistungsstatus der fiktiven Person Frau M.

1.1 Allgemeine und biometrische Daten

Bei einem Eingangsgespräch wurden alle wichtigen und relevanten Daten der Probandin, die im weiteren Verlauf der Trainingsplanung benötigt werden, gesammelt. Die Daten sind in der folgenden Tabelle aufgestellt.

Tab. 1: Erfassung der allgemeinen und biometrischen Daten (eigene Darstellung)

Alter	35 Jahre
Geschlecht	weiblich
Größe	170 cm
Gewicht	85 kg
Herzfrequenz–Ruhe (HfRuhe)	70 Schläge/Minute
Blutdruck	145/95 mmHg
Body-Mass-Index	29
Orthopädische Probleme	Nein
Internistische Probleme	Nein
Ärztliche Behandlung	Ja, auf Grund leicht erhöhten Blutdruck
Einnahme von Medikamenten	Nein
Fitnesslevel	Beginner
Berufliche Tätigkeit	Frisörmeisterin (Selbstständig)
Aktuelle und frühere sportliche Aktivitäten	Bis 28 Jahre getanzt im Amateurbereich – zwei Mal die Woche trainiert; Aktuell keine sportliche Aktivität
Zeitliche Verfügbarkeiten	zwei Abende unter der Woche – je ab 18 Uhr für 60 Minuten

Trainingsmotive	Mehr Wohlbefinden, Gewichtsreduktionen, Senkung des Blutdrucks

Tab.2: Klassifizierung der BMI-Werte (modifiziert nach der WHO, 2000, S.9)

Klassifizierung	BMI (kg/m²)	Unterteilungen
Untergewicht	>16	Starkes Untergewicht
	16-17	Mäßiges Untergewicht
	17-18,5	Leichtes Untergewicht
Normalgewicht	18,5-24,9	Normalgewicht
Übergewicht	25-29,9	Präadipositas
Adipositas	30-34,9	Adipositas Grad 1
	35-39,9	Adipositas Grad 2
	>=40	Adipositas Grad 3

Tab. 3: Einteilung der Blutdruck-Werte laut WHO (modifiziert nach Mancia & Fagar, 2013, S.1286)

Bewertungsstufen	systolisch (mmHg)	diastolisch (mmHg)
optimaler Blutdruck	< 120	< 80
normaler Blutdruck	120-129	80-84
hoch-normaler Blutdruck	130-139	85-89
milde Hypertonie (Stufe 1)	140-159	90-99
mittlere Hypertonie (Stufe 2)	160-179	100-109
schwere Hypertonie (Stufe 3)	>=180	>=110

Der BMI von Frau M. liegt mit 29 im Bereich der Präadipositas (vgl. Tab.2).

Verglichen mit den in Tab.3 ersichtlichen Normwerten stellt man fest, dass sich der Blutdruck der Kundin mit 145/95 mmHg bereits bei arterieller Hypertonie Stufe 1 befindet. Das Ausdauertraining wurde deshalb zusätzlich als Therapie von ihrem Hausarzt empfohlen. Der Puls befindet sich mit 70 S/min. innerhalb der

Norm zwischen 60 bis 80 Schlägen pro Minute.

1.2 Leistungsdiagnostik/Leistungstestung

Für die genaue Erstellung eines Trainingsplan für unsere Probandin, wird vorher ein ergometrischer Eingangstest durchgeführt. Dafür stehen verschiedene Tests zur Verfügung. Man hat die Möglichkeit zwischen dem WHO-Test, dem Hollmann und Venrath-Test und dem Vita-Maxima-Test zu wählen.

Bei unserer Kundin entscheiden wir uns für den WHO-Test, da dieser insbesondere für Einsteiger und Untrainierte geeignet ist. Vorab wird unsere Kundin noch auf ihre Belastbarkeit eingestuft, hierfür spiele insbesondere Alter, Geschlecht, Ruhepuls und der Trainingszustand eine große Rolle. Durch die Voreinstufung anhand der Tab.4 und Tab.5 wird die individuelle Zielherzfrequenz von 140 Schlägen pro Minute ermittelt. Dieser Wert ist zusätzlich das Abbruchkriterium für den Test.

Tabelle 4: Voreinstufung nach Ruheherzfrequenz und Lebensalter (modifiziert nach Trunz-Carlisi, Institut für Prävention und Nachsorge (IPN), 2004, S.4)

Alter in Jahren / Hf Ruhe In S/min	< 20	20-29	30-39	40-49	50-59	60-69	>70
< 50	140	135	130	125	115	110	105
50-59	145	140	135	125	120	115	110
60-69	145	145	135	130	125	120	115
70-79	150	145	140	135	130	125	120
80-89	155	150	145	140	135	125	125
>90	160	155	150	145	135	130	125

Tab.5: Voreinstufung unter zusätzlicher Berücksichtigung der Trainingshäufigkeit ausdauerrelevanter Aktivitäten (modifiziert nach Trunz, 2001, IPN, 2004, S.4)

Trainingszustand	Trainingshäufig-keit/Woche	Stunden/Woche	Pulsaufschlag
Kein Ausdauertraining	kein einziges Mal	0 Stunden	Kein Aufschlag
Wenig Ausdauertraining	1-2Mal	>/=1 Stunde	Kein Aufschlag
Moderates Ausdauertraining	2-3Mal	1-2 Stunden	Plus 5 S/min
Viel Ausdauertraining	3-4Mal	2-4 Stunden	Plus 10 S/min
Sehr viel Ausdauertraining	>4Mal	5>/= Stunden	Plus 15 S/min

Frau M. führt den ausgewählten Test auf dem Fahrradergometer durch, beginnend mit 25 Watt. Jeweils nach zwei Minuten wird die Belastungssteigerung wieder um 25 Watt erhöht. Zudem wird der Puls der Probandin nach jeder Minute gemessen. Die Wattleistung wird so lange gesteigert bis Frau M. die vorher ausgerechnete Pulsobergrenze von 140 S/min erreicht hat. Ist diese erreicht, wird der Test beendet und zur Bewertung wird die zuletzt vollständig durchgefahrene Belastungsstufe bis zur angegebenen Pulsobergrenze hergenommen.

Tab.6: Eingangstest mit dem Kunden Frau M. auf dem Fahrradergometer (eigene Darstellung)

Zeit (in Minuten)	Watt	Herzfrequenz 1	Herzfrequenz 2
0-2	25	80	88
2-4	50	92	99
4-6	75	105	116
6-8	100	123	135
8-10	125	140	-
Watt/kg	112,5 / 85 kg = 1,37 Watt/Kg		

Aus der Tab.6 lässt sich entnehmen, dass die erbrachte Wattleistung von 1,37 der Probandin Frau M. im unterdurchschnittlichen Bereich liegt. Die Ausdauerleistung der Kundin ist demnach unzureichend (vgl. Tab.7).

Tab.7: Ausschnitt der Normtabelle für submaximale Radergometertests – Relative Watt-Soll-Leistung (Watt pro kg) bei Frauen (modifiziert nach IPN, 2004, S.8)

Alter ——— Intensität	<30	30-34	35-39	40-44	45-49	50-54	55-59	>60	Be-wer-tung
0,57	1,50	1,43	1,35	1,28	1,20	1,13	1,05	0,98	☹
0,58	1,55	1,47	1,40	1,32	1,24	1,16	1,09	1,01	☹
0,59	1,60	1,52	1,44	1,36	1,28	1,20	1,12	1,04	☹
0,6	1,70	1,62	1,53	1,45	1,36	1,28	1,19	1,11	Ø
0,61	1,80	1,71	1,62	1,53	1,44	1,35	1,26	1,17	Ø

1.3 Gesundheits- und Leistungsstatus der Person

Die Kundin befindet sich in einer stabilen gesundheitlichen Verfassung. Sie hat weder orthopädische- noch internistische Probleme. Auch die Einnahme von Medikamenten entfällt (vgl. Tab. 1). Die subjektive Einschätzung des aktuellen Fitnesslevels sollte insofern berücksichtigt werden, dass das Training erst mit zunehmender Dauer steigt, um den Einstieg zu erleichtern. Ausbaufähig ist jedoch die ermittelte Kennzahl Watt/Kg (vgl. Tab. 6). Betrachtet man die daten der Kundin, stellt man fest, dass ihr Gesundheitszustand nicht ihrem biologischen Alter entspricht und im unteren Bereich liegt. Das Ausdauertraining ist vor allem notwendig, um Sie aus dem präadipösen Bereich zu bringen und ihre Hypertonie zu senken. Somit wird das Training mit einer niedrigen bis moderaten Intensität geplant.

2 Zielsetzung/Prognose

Tab.8: Zielformulierung der Kundin (eigene Darstellung)

Bereich	Ausmaß	Zeit	Messbarkeit
Gewichtsreduzierung	4 kg	12 Wochen	Körpergewichts- waage
Senkung des Blut- drucks	In den Bereich hoch- normaler Blutdruck	12 Wochen	Blutdruckmessge- rät
Erhöhung der relativen Soll-Watt-Leistung	Steigerung um 0,15 Watt/kg	12 Wochen	Fitnesstest mit Er- gometer

Als erstes Trainingsziel und somit das primäre Ziel für unsere Kundin ist, die Reduktion ihres Körpergewichts und ihren BMI in die Norm zu bringen, da dieser bereits zu hoch ist. In 12 Wochen Trainingszeit soll sich Ihr Gewicht um 4 Kilogramm reduzieren. Durch die Gewichtsreduzierung erhofft sich die Kundin mehr Fitness, zum anderen auch mehr Wohlbefinden und einen für sie ästhetisch aussehenden Körper. Zum Erreichen des Ziels wurden 12 Wochen festgelegt, somit bleibt der Kundin ausreichend Trainingszeit, um sichtbare Erfolge zu erreichen und diese vor Allem auch zu halten. Dies motiviert und treibt die Probandin weiterhin an.

Das zweite Ziel ist es, den Blutdruck zu senken, sodass die Kundin. den Bereich der Hypertonie Stufe 1 innerhalb von 12 Wochen verlässt und in den

Hoch-normalen Bereich gelangt. Dies soll ihren allgemeinen Gesundheitszustand verbessern.

Das dritte Ziel der Kundin bezieht sich auf die Erhöhung der relativen Soll-Wat Leistung und ist somit ein leistungsbezogenes Trainingsziel. Die Wattleistung soll sich innerhalb von 12 Wochen um 0,15 Watt/kg verbessern, sodass die Probandin im Normalbereich liegt. Dieses Ziel wird auf dem Fahrradergometer nach zwölf Wochen Training, mit Beendung des Mesozyklus, erneut getestet.

3   Trainingsplanung Mesozyklus

Um der Kundin einen besseren Überblick zu verschaffen, ist die folgende Trainingsplanung des Mesozyklus ist in eine Grob- und Detailplanung untergliedert. Es ist abgestimmt
auf die Veränderungen im Gesundheits- und Leistungsstand der Probandin und auf die
persönlichen Ziele (vgl. Tab. 8).

3.1 Grobplanung Mesozyklus

Tab.9: Trainingsplanung Mesozyklus 1 (eigene Darstellung)

Trainingsplanung Mesozyklus 1	
Dauer	6 Wochen
Trainingsziel	Aufbau der Grundlagenausdauer
Belastungsumfang pro Woche	40– 90 min
Trainingsmethode	Extensive Dauermethode (ext. DM)
Trainingsintensität	60-75% Hfmax
Trainingshäufigkeit pro Woche	2Mal
Trainingsdauer pro Trainingseinheit	20 – 45min
Trainingsgeräte	Fahrradergometer

3.2 Detailplanung Mesozyklus

Im Folgenden wird nun die Detailplanung des Mesozyklus aufgezeigt. Herausgearbeitet
werden die jeweiligen Mikrozyklen, welche zusammen den Mesozyklus darstellen.

Tab. 10: Detailplanung Mesozyklus 1- Woche 1 und 2 (eigene Darstellung)

Woche 1	Dienstag	Donners-tag	Woche 2	Dienstag	Donnerstag
Ziel	Hinfüh-rung zum Aufbau-training GA 1	Hinfüh-rung zum Aufbau-training GA 1	Ziel	Hinfüh-rung zum Aufbau-training GA 1	Hinführung zum Auf-bau-training GA 1
Methode	Ext. DM	Ext. DM	Methode	Ext. DM	Ext. DM
Intensi-tät	60–65 % Hfmax	60–65 % Hfmax	Intensität	60–65 % Hfmax	60–65 % Hfmax
Herzfre-quenz	102 - 110 S/min	102 – 110 S/min	Herzfre-quenz	102 - 110 S/min	102 – 110 S/min
Dauer	20 min	20 min	Dauer	20 min	20 min
Gerät	Fahrrad-ergome-ter	Fahrrad-gometer	Gerät	Fahrrad-ergome-ter	Fahrrad-gometer

Tab.11: Detailplanung Mesozyklus 1- Woche 3 und 4 (eigene Darstellung)

Woche 3	Dienstag	Donners-tag	Woche 4	Dienstag	Donnerstag
Ziel	GA 1	GA 1	Ziel	GA 1	GA 1
Methode	Ext. DM	Ext. DM	Methode	Ext. DM	Ext. DM
Intensität	65–70 % Hfmax	65–70 % Hfmax	Intensität	65–75 % Hfmax	65–75 % Hfmax
Herzfre-quenz	102 - 110 S/min	102 - 110 S/min	Herzfre-quenz	102 - 110 S/min	102 - 110 S/min
Dauer	25 min	25 min	Dauer	35 min	35 min
Gerät	Fahrrad-ergome-ter	Fahrrad-gometer	Gerät	Fahrrad-ergome-ter	Fahrrad-gometer

Tab.12: Detailplanung Mesozyklus 1- Woche 5 und 6 (eigene Darstellung)

Woche 5	Dienstag	Donners-tag	Woche 6	Dienstag	Donnerstag
Ziel	GA 1	GA 1	Ziel	GA 1	GA 1
Methode	Ext. DM	Ext. DM	Methode	Ext. DM	Ext. DM
Intensität	60–65 % Hfmax	60–65 % Hfmax	Intensität	70–75 % Hfmax	70–75 % Hfmax
Herzfre-quenz	102 - 110 S/min	102 - 110 S/min	Herzfre-quenz	102 - 110 S/min	102 - 110 S/min
Dauer	30 min	30 min	Dauer	35 min	35 min
Gerät	Fahrrad-ergome-ter	Fahrrader-gometer	Gerät	Fahrrad-ergome-ter	Fahrrader-gometer

3.3 Begründung zum Mesozyklus

3.3.1 Begründung des angestrebten wöchentlichen Belastungsumfangs

Der wöchentliche Belastungsumfang von Frau M. liegt bei 30-90 Minuten an zwei tagen pro Woche. Begonnen wird mit einer 20minütigen Trainingseinheit an zwei Tagen in der Woche. Da die Kundin zu den Beginnern im Ausdauersport zählt und auch in ihrem Alltag kaum körperliche Anstrengung hat, wird die Belastung und die Trainingsdauer nur langsam und in kleinen Schritten erhöht, damit sie sich an die neue, zusätzliche Bewegung gewöhnen kann. Somit wird sie in den ersten zwei Woche zunächst an die Grundlagenausdauer hingeführt (Hottenrott, 2006, S.64ff). Ab Woche drei befindet sich Frau M. bereits im Bereich der Grundlagenausdauer. Die Trainingsintensität bleibt über den ganzen Mesozyklus zwischen 60-75% ihrer maximalen Herzfrequenz, um einen trainingswirksamen Reiz zu erzielen. Dieser liegt bei Untrainierten Personen in diesem Bereich (ACSM, 2006a, S.141).

3.3.2 Begründung der ausgewählten Trainingsmethode

Der Trainingsplan der Kundin ist so aufgebaut, dass sie diesen relativ einfach in ihren Arbeitsalltag einbauen kann und trotzdem effektiv trainiert. Bevorzugt wird hier ausschließlich die extensive Dauermethode. Gewählt wurde diese, da sie sich hervorragend für Anfänger im Ausdauertraining und für den Bereich Gesundheitssport anbietet, da bei der extensiven Dauermethode eine geringe Belastungsintensität gewählt wird in Zusammenhang mit einem relativ langem Belastungszeitraum. Zusätzlich ist der Trainingsplan ist so aufgebaut, dass die Probandin nach jeder Trainingeinheit eine angemessene Pause erhält, um die Relation von Belastung und Erholung zu bewahren. Positive Auswirkungen dieser Methode sind unter anderem eine verbesserte Fettverbrennung und die Ökonomisierung der Herz-Kreislauf-Arbeit (Zintl und Eisenhut 2009, S.119).

3.3.3 Begründung der Belastungsprogression

Hinsichtlich der Trainingsintensität (Hfmax in %) im Mesozyklus (vgl. Tab. 10-12) ist eine Belastungssteigerung zu erkennen. Zur Errechnung der maximalen Herzfrequenz wird folgende Formel verwendet: Hfmax=220- Lebensalter (Kindermann et al., 2003). Allgemein ist bei der Änderung der Belastungskomponente auf folgende Reihenfolge zu achten: Häufigkeit vor Umfang und erst anschließend eine Steigerung der Intensität (Ehlenz, Grosser & Zimmermann, 1983, S.123). Da Frau M. durch ihre Selbstständigkeit zeitlich sehr eingeschränkt ist, wird die Häufigkeit nicht gesteigert, sondern lediglich der Umfang und die Steigerung der Intensität, da dies in ihren Alltag umsetzbar ist. Zunächst wird allerdings mit einer eher geringen Intensität gearbeitet, da sich die Probandin erstmal wieder in das Training einfinden muss und langfristig motiviert bleiben soll.

3.3.4 Begründung der angesteuerten Trainingsbereiche

Das Training wurde entsprechend der Zielsetzung der Kundin (vgl. Tab.8) gestaltet und beinhaltet ausschließlich die extensive Dauermethode. Hierbei wird vor allem der Fettstoffwechsel angesprochen, das passiert explizit durch die länger andauernde Belastung, bei geringer, bis mittlerer Intensität, was wiederum zur Gewichtsreduktion führt (Schnabel, Harre, Krug & Borde, 2003, S. 318).

Zusätzlich durch diese Trainingsmethode wird der Ruhepuls und der Blutdruck von Frau M. gesenkt. Dies geschieht, da das Schlagvolumen, sowohl bei Belastung als auch im Ruhezustand, erhöht wird. Was wiederum bedeutet, dass weniger Schläge pro Minute benötigt werden, um die gleiche Menge Blut zu transportieren (Hollmann & Hettinger, 2009, S. 431).

3.3.5 Begründung der ausgewählten Ausdauergeräte bzw. Bewegungsform

Die Probandin startet ihr Ausdauertraining auf dem Fahrradergometer, da dies Gelenk-schonend ist und es sich für sie, nach dem langen Stehen in der Arbeit, gut anfühlt. Da sie Übergewichtig ist, leiden bereits ihre Gelenke, insbesondere die Knie, unter der Belastung. Während sie auf dem Fahrradergometer sitzt, wird kein zusätzliches Gewicht auf die Knie ausgeübt und diese werden dadurch etwas geschont. Da zusätzlich der Bewegungsablauf auf diesem Gerät sehr einfach zu verstehen ist, ist dies der optimale Trainingseinstieg für Frau M. Deshalb wird hierfür speziell der Fahrradergometer ausgewählt. Für die weitere Planung des Trainingsplans sollen jedoch auch weitere Ausdauergeräte wie der Crosstrainer oder das Laufband ins Auge gefasst werden. Diese werden allerdings erst ausgewählt, wenn Frau M. mit dem Trainingsablauf bekannt ist und zudem etwas an Gewicht verloren hat, da bei den anderen beiden Ausdauergeräten ihre Gelenke wiederum mehr beansprucht werden. Sie bieten allerdings den Vorteil, dass beim Laufen sowohl als auch auf dem Crosstrainer, dass die Arme vermehrt mit eingebunden werden und somit mehrere Muskelgruppen beansprucht werden und sich die Fettverbrennung erhöht.

4   Literaturrecherche

Tab. 13: Studie 1 und 2 Effekte des Ausdauertrainings bei arterieller Hypertonie (modifiziert nach Vlatsas, Stergios, 2015 und Bickenbach, A. L., 2012)

Titel	Kardiovaskuläre Effekte eines aeroben versus eines isometrischen Trainings bei arterieller Hypertonie	Auswirkungen von Ausdauer- vs. Krafttraining vs. Der Kombination Ausdauer-/Krafttraining auf die systematische Hämodynamik, Gefäßelastizität sowie Herzfrequenzvariabilität bei Patienten mit arterieller Hypertonie
Autoren	Stergios Vlatsas	Anna Lena Birkenbach
Erscheinungsjahr	2015	2012
Versuchspersonen	70 Patienten mit bekannter medikamentös behandelter arterieller Hypertonie oder einem Blutdruck $\geq$ 140/90 mmHg ohne medikamentöse Therapie. Die Versuchspersonen wurden in drei Gruppen aufgeteilt.	55 Hypertoniepatienten mit arterieller Hypertonie Grad 1/Prähypertonie) Davon sind es 42 Männer und 13 Frauen. Die Versuchspersonen wurden in 4 Gruppen aufgeteilt.

14

Tab. 13: Studie 1 und 2 Effekte des Ausdauertrainings bei arterieller Hypertonie (modifiziert nach Vlatsas, Stergios, 2015 und Bickenbach, A. L., 2012)

Versuchsaufbau	1.Gruppe:	1.Gruppe: Ausdauertraining (AT)
	• 25 Patienten	
	• 12 Wochen ein isometrisches Training	2.Gruppe: Krafttraining (KT)
	• 5Mal pro Woche Faustschlusskontraktionen mit 30% der maximalen Kraft	3.Gruppe: Kombination aus Ausdauer- und Krafttraining (AKT)
	2.Gruppe: (Placebo)	**4.Gruppe:** Kontrollgruppe (KG)
	• 23 Patienten	
	• 12 Wochen ein isometrisches Training	
	• 5Mal pro Woche Faustschlusskontraktion mit 5% der maximalen Kraft (Placebo Gerät)	12-wöchiges Training mit 3 Trainingseinheiten pro Woche
	3.Gruppe:	
	• 22 Patienten	
	• 5 Mal pro Woche 30-45 Minuten aerobes Ausdauertraining	
	Der 24h-Blutdruck wurde vor bzw. nach der 12-wöchigen Intervention gemessen. Die Medikamenteneinnahme bleibt in diesem Test unverändert.	

Tab. 13: Studie 1 und 2 Effekte des Ausdauertrainings bei arterieller Hypertonie (modifiziert nach Vlatsas, Stergios, 2015 und Bickenbach, A. L., 2012)

Ergebnisse	**1.Gruppe:** Isometrisches Training hatte keinen Einfluss auf die ambulante 24-Stunden- Blutdruckmessung (jeweils p >0.05) **2.Gruppe:** keine statistisch signifikante Verbesserung der Gefäßelastizitätsparameter (p > 0.05) **3.Gruppe:** Senkung des Blutdrucks wie folgt: • systolisch von 129.1±10.4 mmHg auf 122.7±11.7, p = 0.008 • diastolisch von 79.5±8.9 auf 76.7±10.9, p = 0.009 zusätzliche Verbesserungen: • Elastizitätsindices der kleinen (3.8±2.3 auf 5.4±2.9, p = 0.036) und der großen Gefäße (9.9±2.9 auf 11.5±3.4, p= 0.03) • Abfall des totalen peripheren Widerstands (1798±425 auf 1581±352 dyn·s/cm5, p <0.001)	Blutdrucksenkung: AT-Gruppe: -3,30 mmHg KT-Gruppe: -4,90 mmHg AKT-Gruppe: -5,80 mmHg Beste Ergebnisse einer Blutdrucksenkung in der AKT-Gruppe
Schlussfolgerung	Aerobes Training hat einen blutdrucksenkenden Effekt bei Hypertonikern und isometrisches Faustschlusstraining hat keine blutdrucksenkenden Effekte.	Auf Grund der positiven Ergebnisse, sollten Personen mit Hypertonie, Krafttraining in ihren Alltag integrieren

5 Literaturverzeichnis

American College of Sports Medicine (ACSM). (2006a). *ACSM's Guidelines for Exer cise Testing and Prescription (7. ed.). Philadelphia: Lippincott Williams Wilkins*

Bickenbach, A. L. (2012). *Auswirkungen von Ausdauer-vs. Krafttraining vs. der Kombi nation Ausdauer-/Krafttraining auf die systemische Hämodynamik, Gefäßelastizität sowie Herzfrequenzvariabilität bei Patienten mit arterieller Hypertonie. Dissertation, Deutsche Sporthochschule Köln.*

Ehlenz, H., Grosser, M. & Zimmermann, E. (1983). *Krafttraining. Mün-chen/Wien/Zü-rich: BLV Verlagsgesellschaft mbH.*

Hollmann, W. & T. Hettinger: (2009). *Sportmedizin – Grundlagen für Arbeit, Training und Präventivmedizin. Stuttgart: Schattauer GmbH.*

Hottenrott, K. (1997). *Ausdauertraining: intelligent, effektiv, erfolgreich. (4.Aufl.). Lü-neburg: Wehdemeier & Pünsch.*

Hottenrott, K. (2006). *Trainingskontrolle mit Herzfrequenz-Messgeräten. Aachen: Meyer & Meyer.*

Institut für Prävention und Nachsorge (IPN). (2004). *IPN-Test® - Ausdauertest für den Fitness- und Gesundheitssport. Köln: Institut für Prävention und Nachsorge*

Kindermann, W., Dickhuth, H.-H., Nieß, A., Röcker, K. & Urhausen, A. (2003). *Sport-kardiologie: Körperliche Aktivität bei Herzerkrankungen. Heidelberg: Springer Verlag Berlin.*

Schnabel, G., Harre H.-D. & Krug J. (2011). Trainingslehre - Trainingswissenschaft: Leistung - Training – Wettkampf. 2. Auflage. Aachen: Meyer & Meyer Verlag.

Vlatsas, Stergios. (2015). *Kardiovaskuläre Effekte eines aeroben versus ein isometrisches Training bei arterieller Hypertonie. Dissertation, Medizinische Fakultät Charité-Universitätsmedizin Berlin. Berlin.*

World Health Organization: FAO/WHO/UNO. (2000). *Obsesity: Preventing and managing the global epidemic. Geneva: Technical Report Series 894.*

Zintl, F. & Eisenhut, A. (2009). *Ausdauertraining. Grundlagen – Methoden – Trainingssteuerung (7. Überarb. Aufl.). München: BLV Sportwissen.*

6 Tabellenverzeichnis